本书获"北京高校高精尖学科项目（中国语言文学）"专项资助，亦获北京语言大学梧桐创新平台项目资助（中央高校基本科研业务费专项资金），项目批准号16PT06

对外汉语教学心理学
课程标准和教学大纲

北京语言大学人文社会科学学部　编

©2020 北京语言大学出版社，社图号 20193

图书在版编目（CIP）数据

对外汉语教学心理学课程标准和教学大纲 / 北京语言大学人文社会科学学部编. —北京：北京语言大学出版社，2020.11
汉语国际教育本科专业课程系列教材
ISBN 978-7-5619-5797-4

Ⅰ．①对⋯ Ⅱ．①北⋯ Ⅲ．①对外汉语教学—教学心理学—教学研究—高等学校 Ⅳ．① H195 ② G441

中国版本图书馆 CIP 数据核字 (2020) 第 236931 号

对外汉语教学心理学课程标准和教学大纲
DUIWAI HANYU JIAOXUE XINLIXUE KECHENG BIAOZHUN HE JIAOXUE DAGANG

排版制作：	华伦图文制作中心
责任印制：	周 燚

出版发行：	北京语言大学出版社
社　　址：	北京市海淀区学院路 15 号，100083
网　　址：	www.blcup.com
电子信箱：	service@blcup.com
电　　话：	编辑部　　8610-82303395
	发行部　　8610-82303650/3591/3648
	北语书店　8610-82303653
	网购咨询　8610-82303908
印　　刷：	北京中科印刷有限公司

版　　次：	2020 年 11 月第 1 版　　印　次：2020 年 11 月第 1 次印刷
开　　本：	710 毫米 ×1000 毫米　1/16　印　张：2.25
字　　数：	38 千字
定　　价：	15.00 元

PRINTED IN CHINA

目 录

第一部分　课程标准 ·· 1
　　一、课程基本信息 ·· 1
　　二、课程具体说明 ·· 1

第二部分　教学大纲 ·· 5
　　第一章　绪论 ·· 5
　　第二章　汉语作为第二语言学习的心理基础 ·························· 5
　　第三章　汉语作为第二语言的感知和理解 ···························· 7
　　第四章　汉语作为第二语言的记忆 ·································· 8
　　第五章　对外汉语听力教学的心理分析 ······························ 9
　　第六章　对外汉语口语教学的心理分析 ······························ 10
　　第七章　对外汉语阅读教学的心理分析 ······························ 11
　　第八章　对外汉语写作教学的心理分析 ······························ 12
　　第九章　汉语作为第二语言学习的学习者心理 ························ 13
　　第十章　对外汉语教师的心理特点 ·································· 14

第三部分　教学参考案例 ·· 15
　　一、教材及教学内容 ·· 15
　　二、教学对象 ·· 15
　　三、教学学时 ·· 15

四、教学目标……………………………………………………… 15

五、教学重点与难点……………………………………………… 16

六、教学方法……………………………………………………… 16

七、教学环节……………………………………………………… 16

附　录……………………………………………………………… 20

第一部分　课程标准

一、课程基本信息

课程中文名称：对外汉语教学心理学

课程英文名称：Psychology of Teaching Chinese as a Second Language

课程类别：专业必修课

课程学时：每周2学时，共36学时

适用对象：汉语国际教育本科专业三年级学生

课程概述：本课程是汉语国际教育专业本科阶段的一门基础课程，主要介绍对外汉语教学心理学的基本概念；分析汉语作为第二语言学习的生理基础和心理机制；阐述知识学习的心理层级与知识掌握所经历的心理过程；探讨汉语作为第二语言的感知、理解和记忆，以及与知识传授和技能培养相关的心理因素和心理规律在汉语作为第二语言教学中的影响和作用。

学习该课程可以让学生对对外汉语教学心理学有全面、系统的理性认识，并明确学习者和教学者的心理因素在汉语作为第二语言教学中的影响和作用。

二、课程具体说明

（一）课程性质、地位及作用

本课程为汉语国际教育本科学生的专业必修课，旨在帮助学生了解和掌握对外汉语教学心理学的基本理论，运用心理学知识分析对外汉语听力、口语、阅读和写作教学的教学难点，并从心理学角度探讨难点形成的原因，探索通过教学培养汉语作为第二语言能力的途径和方法。

（二）教学基本要求

1. 知识：了解对外汉语教学心理学的基本理论，掌握与汉语作为第二语言知识传授和技能培养相关的心理机制，揭示对外汉语听力、口语、阅读和写作教学中的心理规律。

2. 能力：本课程以对外汉语教学学科为基础，详细介绍对外汉语教学心理学的基本理论，包括相关的实践知识与方法。学生在学习本课程的过程中，一方面可以丰富对外汉语教学心理学的理论知识，在教学实践中应用心理学知识，提高理论与实践相结合的能力；另一方面可以用对外汉语教学心理学的知识来分析、解决汉语作为第二语言教学的问题，培养对外汉语教学学科的研究能力。

3. 意义：通过本课程的学习，学生可以了解汉语作为第二语言教学的心理机制和心理规律，为以后成为称职的国际汉语教师打下扎实的理论基础。

（三）教学方法和手段

本课程在教学时以课堂讲授为主，学生讨论为辅；在"知识运用""案例分析"部分，以学生分组讨论为主，教师点评与指导为辅，引导学生思考，用所学理论分析、解决问题。

教学手段主要采用课堂板书和计算机、投影仪等多媒体辅助教学。

（四）教学学时分配

课程内容	学时
第一章　绪论	**2.5**
第一节　外语教学与心理学	1.5
第二节　对外汉语教学心理学	1
第二章　汉语作为第二语言学习的心理基础	**3**
第一节　汉语作为第二语言学习的生理基础和心理机制	1
第二节　汉语作为第二语言学习的过程	1
第三节　汉语作为第二语言学习的知识和技能掌握	1

(续表)

课程内容	学时
第三章　汉语作为第二语言的感知和理解	**3**
第一节　汉语作为第二语言的感知	1.5
第二节　汉语作为第二语言的理解	1.5
第四章　汉语作为第二语言的记忆	**3.5**
第一节　记忆特征和汉语作为第二语言的识记	1.5
第二节　汉语作为第二语言的保持和遗忘	1
第三节　汉语作为第二语言的再认和回忆	1
第五章　对外汉语听力教学的心理分析	**4**
第一节　听力的心理机制	1
第二节　听力教学难点的心理分析	2
第三节　听力能力的培养	1
第六章　对外汉语口语教学的心理分析	**4**
第一节　口语的心理机制	1
第二节　口语教学难点的心理分析	2
第三节　口语能力的培养	1
第七章　对外汉语阅读教学的心理分析	**4**
第一节　阅读的心理机制	1
第二节　阅读教学难点的心理分析	2
第三节　阅读能力的培养	1
第八章　对外汉语写作教学的心理分析	**4**
第一节　写作的心理机制	1
第二节　写作教学难点的心理分析	2
第三节　写作能力的培养	1
第九章　汉语作为第二语言学习的学习者心理	**4**
第一节　学习者的认知风格	2
第二节　学习者的情感因素	2
第十章　对外汉语教师的心理特点	**4**
第一节　对外汉语教师的角色和能力	2
第二节　对外汉语教师的人格特征	2

（五）本课程与其他课程的关系

本课程需要学生先修完现代汉语、第二语言教学概论、汉语作为第二语言教学法等专业必修课。

（六）教材及主要参考书目

1. 使用的教材

徐子亮．对外汉语教学心理学（第 2 版）[M]．北京：北京语言大学出版社，2020．

2. 参考书目

韩永昌．心理学（第5版）[M]．上海：华东师范大学出版社，2009．

贾玉新．跨文化交际学[M]．上海：上海外语教育出版社，1997．

莫　雷．教育心理学[M]．北京：教育科学出版社，2007．

彭聃龄．语言心理学[M]．北京：北京师范大学出版社，1991．

邵瑞珍．学与教的心理学[M]．上海：华东师范大学出版社，1990．

叶奕乾，祝蓓里，谭和平．心理学（第5版）[M]．上海：华东师范大学出版社，2016．

周　健，彭小川，张　军．汉语教学法研修教程[M]．北京：人民教育出版社，2004．

朱　勇．国际汉语教学案例与分析[M]．北京：高等教育出版社，2013．

（七）课程考试和评估

期末考试成绩占总评分数的 70%；讨论、练习记为平时成绩，期中上交一份教学案例的心理学分析，平时成绩与期中成绩共占总评分数的30%。

（八）课程学分

2 学分

第二部分　教学大纲

第一章　绪论

章节	教学要求	方法	学时分配
第一节 外语教学与心理学	△重点： 1. 了解"官能心理学""内省理论"等心理学理论以及与之相关的教学法流派； 2. 理解心理过程、个性心理的含义以及这些心理因素对外语教学的影响。 ○难点： 掌握不同外语教学法流派与"官能心理学""内省理论"等心理学理论的内在联系。	1. 课堂讲授； 2. 学生讨论：结合教材"知识运用"部分相关问题进行分组讨论与汇报，教师点评。	1.5
第二节 对外汉语教学心理学	△重点： 1. 了解对外汉语教学心理学的性质与意义； 2. 理解对外汉语教学心理学的研究对象与内容。	课堂讲授	1

第二章　汉语作为第二语言学习的心理基础

章节	教学要求	方法	学时分配
第一节 汉语作为第二语言学习的生理基础和心理机制	△重点： 1. 了解作为第二语言学习的物质基础的神经元和大脑组织的概念、结构及功能； 2. 理解信息接收和输出的心理活动流程以及心理活动自动化过程的运行机制； 3. 理解认知活动的结构和过程以及世界知识的掌握对汉语作为第二语言学习的作用。 ○难点： 理解汉语作为第二语言学习和认知的物质基础和心理机制。	课堂讲授	1

(续表)

章节	教学要求	方法	学时分配
第二节 汉语作为第二语言学习的过程	△重点： 1. 了解学习的外显行为的构成以及汉语作为第二语言学习的外显行为的具体表现； 2. 理解学习的内部运作机制及具体组成部分。	课堂讲授	1
第三节 汉语作为第二语言学习的知识和技能掌握	△重点： 1. 理解知识学习的不同心理层级，即辨别、概念、规则和高级规则以及各部分之间的关系； 2. 理解知识学习所经历的理解、巩固、记忆和积累的过程； 3. 理解并掌握汉语作为第二语言学习技能的基本特征； 4. 掌握技能形成的三大阶段以及影响技能形成的内外部条件和因素。 〇难点： 理解汉语作为第二语言学习的心理基础，并将理论应用到汉语作为第二语言教学中，促进汉语作为第二语言学习的知识掌握及技能形成。	1. 课堂讲授：结合具体实例进行知识点的讲解，如知识点"正迁移""负迁移"的讲解。 2. 学生讨论：结合教材"知识运用"部分相关问题进行分组讨论与汇报，教师点评。	1

第三章　汉语作为第二语言的感知和理解

章节	教学要求	方法	学时分配
第一节 汉语作为第二语言的感知	△重点： 1. 理解听觉、视觉和动觉在第二语言感知中的作用； 2. 理解知觉的内涵、基本特征以及汉语作为第二语言的言语知觉特点； 3. 掌握感觉和知觉的区别与联系，并结合生活经验理解感觉和知觉在学习过程中的相互作用。	1. 课堂讲授； 2. 学生讨论：结合教材"知识运用"部分相关问题进行分组讨论与汇报，教师点评。	1.5
第二节 汉语作为第二语言的理解	△重点： 1. 了解汉语作为第二语言的理解由哪几个部分构成； 2. 理解词汇理解、句子理解和话语理解的具体含义、分类及其心理活动过程和规律； 3. 结合具体实例理解并掌握汉语作为第二语言的理解中词汇、句子以及话语的理解是如何发挥作用的。 ○难点： 掌握汉语作为第二语言的理解所包含的具体内容，以及话语的理解中图式的作用。	1. 课堂讲授； 2. 学生讨论：学生结合自身的学习经历分组讨论汉语作为第二语言的词汇、句子以及话语的理解是如何发挥作用的，教师点评。	1.5

第四章　汉语作为第二语言的记忆

章节	教学要求	方法	学时分配
第一节 记忆特征和汉语作为第二语言的识记	△重点： 1. 了解记忆的基本特征、记忆的三个基本环节以及记忆表象的特点； 2. 理解并掌握记忆按记忆内容和记忆活动特点所进行的分类； 3. 理解并掌握识记的四种不同类型，能有效区分四种不同类型的识记方式，并将这些识记方式应用到汉语作为第二语言教学中去。 ○难点： 理解并区分有意识记、无意识记、意义识记和机械识记这四种识记类型。	1. 课堂讲授：以具体实例来帮助学生理解识记的四种类型等； 2. 学生讨论：学生结合自身的学习经历，用所学的四种识记类型来讨论学习过程中的行为，并将不同的识记类型应用到汉语作为第二语言教学中去。	1.5
第二节 汉语作为第二语言的保持和遗忘	△重点： 1. 理解知识信息保持的心理过程以及汉语作为第二语言的信息保持方式； 2. 理解并掌握遗忘的含义、原因、影响因素及其产生的心理机制； 3. 理解如何进行高效复习和记忆。 ○难点： 理解并掌握遗忘的原因及其产生的心理机制。	1. 课堂讲授； 2. 学生讨论：学生结合自身的第二语言学习经历分享如何有效记忆、避免遗忘的方法，并将这些方法应用到汉语作为第二语言教学中去。	1
第三节 汉语作为第二语言的再认和回忆	△重点： 1. 理解再认的含义和特征； 2. 理解回忆的含义以及分类； 3. 掌握信息提取的两大表现形式，即再认和回忆，能结合具体实例分析信息无法提取的原因。	1. 课堂讲授； 2. 学生讨论：结合教材"知识运用"部分相关问题进行分组讨论与汇报，教师点评。	1

第五章 对外汉语听力教学的心理分析

章节	教学要求	方法	学时分配
第一节 听力的心理机制	△重点： 1. 理解"听"的心理加工过程：听觉加工、译码加工和思维加工； 2. 理解语流中的音是如何进行切分的，即如何把语音流切分为音节，如何切分语流中的词语以及如何切词组句； 3. 在理解上述理论的基础上能结合实例具体分析听力活动的心理机制。	1. 课堂讲授； 2. 学生讨论：结合教材"知识运用"部分相关问题进行分组讨论与汇报，教师点评。	1
第二节 听力教学难点的心理分析	△重点： 1. 了解汉语作为第二语言的听力教学难点的具体表现； 2. 理解形成对外汉语听力教学难点的心理成因。 ○难点： 掌握听力活动的心理机制，并将理论应用到汉语作为第二语言听力教学中去，能正确分析汉语作为第二语言学习者听力学习问题的心理因素。	1. 课堂讲授； 2. 学生讨论：结合教材"知识运用"部分相关问题进行分组讨论与汇报，教师点评。	2
第三节 听力能力的培养	△重点： 1. 掌握训练和提高汉语作为第二语言学习者听力能力的六个方面； 2. 能结合上述理论正确分析汉语作为第二语言学习者在听力学习中的问题，并提出相应的解决措施。 ○难点： 正确分析形成对外汉语听力教学难点的心理成因，并针对存在的问题提出解决措施。	课堂讲授：利用此章的案例向学生讲解对外汉语听力教学难点的形成原因，并引导学生思考。	1

第六章　对外汉语口语教学的心理分析

章节	教学要求	方法	学时分配
第一节 口语的心理机制	△重点： 1. 理解语言的输入和输出的含义、不同表现形式以及它们之间的密切关系； 2. 理解话语产生的三个阶段，即话语计划、话语构建以及话语执行的具体含义和表现形式。	课堂讲授	1
第二节 口语教学难点的心理分析	△重点： 1. 了解汉语作为第二语言的口语教学难点的具体表现； 2. 理解形成对外汉语口语教学难点的心理成因。 ○难点： 掌握口语活动的心理机制，并将理论应用到汉语作为第二语言口语教学中去，能正确分析汉语作为第二语言学习者口语学习问题的心理因素。	1. 课堂讲授； 2. 学生讨论：结合教材"知识运用"部分相关问题进行分组讨论与汇报，教师点评。	2
第三节 口语能力的培养	△重点： 1. 掌握对外汉语口语教学必须关注的几个方面； 2. 理解遵循口语特点、掌握目的语语言以及母语与目的语转换这三者的遵循原则和训练方法； 3. 能结合上述理论正确分析汉语作为第二语言学习者在口语学习中的问题，并提出相应的解决措施。 ○难点： 正确分析形成对外汉语口语教学难点的心理成因，并针对存在的问题提出解决措施。	课堂讲授：利用此章的案例向学生讲解对外汉语口语教学难点的形成原因，并引导学生思考。	1

第七章　对外汉语阅读教学的心理分析

章节	教学要求	方法	学时分配
第一节 阅读的心理机制	△重点： 1. 理解阅读的含义以及语言符号、译码和语言结构这三个阅读过程中的主要因素和环节； 2. 理解阅读过程的三种模型，即"自下而上"阅读模型、"自上而下"阅读模型和"相互作用"阅读模型的具体表现形式。	课堂讲授	1
第二节 阅读教学难点的心理分析	△重点： 1. 理解汉语作为第二语言的阅读教学难点的具体表现； 2. 理解形成对外汉语阅读教学难点的心理成因。 ○难点： 掌握阅读活动的心理机制，并将理论应用到汉语作为第二语言阅读教学中去，能正确分析汉语作为第二语言学习者阅读学习问题的心理因素。	1. 课堂讲授； 2. 学生讨论：结合教材"知识运用"部分相关问题进行分组讨论与汇报，教师点评。	2
第三节 阅读能力的培养	△重点： 1. 掌握培养汉语作为第二语言学习者阅读能力的三个具体措施，即加强汉字的辨认和识记、增强和培养汉语语感以及加强中华文化知识的学习； 2. 能结合上述理论正确分析汉语作为第二语言学习者在阅读学习中的问题，并提出相应的解决措施。 ○难点： 正确分析形成对外汉语阅读教学难点的心理成因，并针对存在的问题提出解决措施。	课堂讲授：利用此章的案例向学生讲解对外汉语阅读教学难点的形成原因，并引导学生思考。	1

第八章　对外汉语写作教学的心理分析

章节	教学要求	方法	学时分配
第一节 写作的心理机制	△重点： 1. 理解写作的含义以及写作的心理过程中有限传递系统、知识系统、策略系统、监控系统和表达系统的具体运作模式； 2. 理解汉语作为第二语言学习者在汉语写作过程中所经历的母语与目的语之间的转换过程。	课堂讲授	1
第二节 写作教学难点的心理分析	△重点： 1. 了解汉语作为第二语言的写作教学难点的具体表现； 2. 理解形成对外汉语写作教学难点的心理成因。 ○难点： 掌握写作活动的心理机制，并将理论应用到汉语作为第二语言写作教学中去，能正确分析汉语作为第二语言学习者写作学习问题的心理因素。	1. 课堂讲授； 2. 学生讨论：结合教材"知识运用"部分相关问题进行分组讨论与汇报，教师点评。	2
第三节 写作能力的培养	△重点： 1. 掌握培养汉语作为第二语言学习者写作能力的四个具体措施，即建立语义网络、积累组块、熟练掌握产生式和克服中介语现象。 2. 能结合上述理论正确分析汉语作为第二语言学习者在写作学习中的问题，并提出相应的解决措施。 ○难点： 正确分析形成对外汉语写作教学难点的心理成因，并针对存在的问题提出解决措施。	课堂讲授：利用此章的案例向学生讲解对外汉语写作教学难点的形成原因，并引导学生思考。	1

第九章　汉语作为第二语言学习的学习者心理

章节	教学要求	方法	学时分配
第一节 学习者的认知风格	△重点： 1. 理解学习者不同认知风格的特点及其与汉语作为第二语言学习的关系； 2. 了解不同认知风格的学习者所对应的课堂教学方法。	1. 课堂讲授； 2. 学生讨论：结合教材"知识运用"部分相关问题进行分组讨论与汇报，教师点评。	2
第二节 学习者的情感因素	△重点： 1. 识记影响学习者学习效率和效果的情感因素； 2. 理解动机、态度、性格这些情感因素的含义、类型和作用； 3. 掌握不同情感因素的心理机制，并能针对学生的不同情感因素相应地调整教学方法。	1. 课堂讲授：利用此章的案例向学生讲解如何从分析汉语作为第二语言学习者的心理入手提高教学质量； 2. 学生讨论：学生结合自身的外语学习经历讨论影响学习效率和效果的情感因素及其相互之间的影响和作用。	2

第十章 对外汉语教师的心理特点

章节	教学要求	方法	学时分配
第一节 对外汉语教师的角色和能力	△重点： 1. 了解对外汉语教师的职业角色，理解教师职业角色的作用和意义； 2. 理解对外汉语教师应具备哪些能力，并了解对外汉语教师的具体要求。	课堂讲授	2
第二节 对外汉语教师的人格特征	△重点： 1. 了解对外汉语教师应具备的人格特征及其对教学效果的影响； 2. 理解对外汉语教师影响力的具体体现，即对学生的角色认知、对学生的期待以及教师的个人形象对学生产生的榜样作用。 ○难点： 掌握正确利用教师的人格特征、影响力激励学生学习并提升其学习效率和效果的方法和措施。	1. 课堂讲授：利用此章的案例向学生讲解该教学难点的相应解决措施； 2. 学生讨论：结合教材"知识运用"部分相关问题进行分组讨论与汇报，教师点评。	2

第三部分　教学参考案例

一、教材及教学内容

1. 教材：《对外汉语教学心理学》（第 2 版）（徐子亮著，北京语言大学出版社，2020）

2. 教学内容：第四章 第一节 记忆特征和汉语作为第二语言的识记

二、教学对象

汉语国际教育本科专业三年级学生，已修完现代汉语、第二语言教学概论、汉语作为第二语言教学法等专业必修课。

三、教学学时

1.5 学时

四、教学目标

1. 知识：了解记忆的基本特征，理解和掌握记忆在不同标准下的分类，理解识记的内涵、作用和不同类型的特点，并能够正确区分有意识记、无意识记、意义识记和机械识记。

2. 能力：掌握记忆的基本特征和分类，尤其是区分和掌握识记的不同类型的特点并能在教学中指导学生进行高效识记。

五、教学重点与难点

（一）教学重点

1. 了解记忆的基本特征；

2. 掌握记忆在不同标准下的分类；

3. 理解识记的内涵、条件和作用；

4. 理解有意识记、无意识记、意义识记和机械识记的特点，能够正确区分有意识记和无意识记、意义识记和机械识记。

（二）教学难点

正确理解并掌握识记不同类型的特点，学会区分有意识记和无意识记、意义识记和机械识记这两组易混淆的概念，能在汉语作为第二语言教学中引导学习者采取有效的识记方式促进汉语学习。

六、教学方法

课堂讲授、学生讨论

七、教学环节

（一）导入

教师让学生回顾自己记忆某件事或某篇课文的过程后，引导学生思考自己是如何记忆的、记忆的特点是什么，让学生总结记忆的特点，然后将记忆的基本特征用板书或 PPT 展示出来。

板书或PPT：

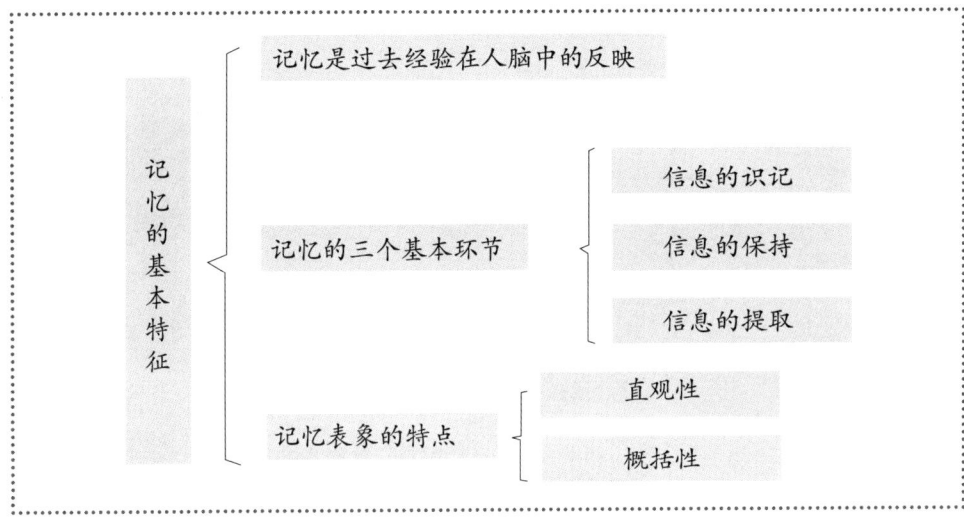

（二）记忆的分类

教师问学生记忆在不同标准下的分类，思考不同标准下的记忆种类有何特点，并结合具体实例帮助学生理解和掌握。

板书或PPT：

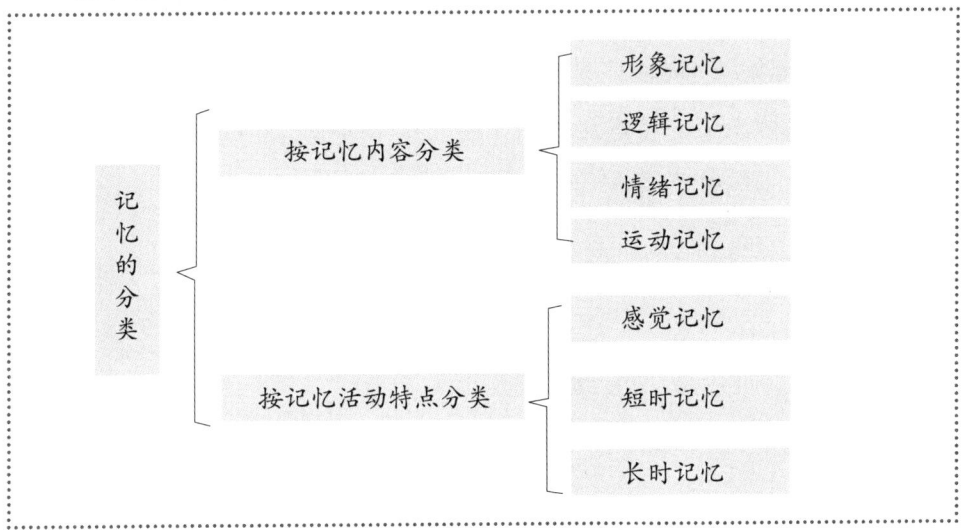

（三）识记的内涵、条件和作用

教师引导学生理解识记的内涵、条件和作用，体会识记对于记忆的重要作用，并以具体实例说明。

板书或PPT：

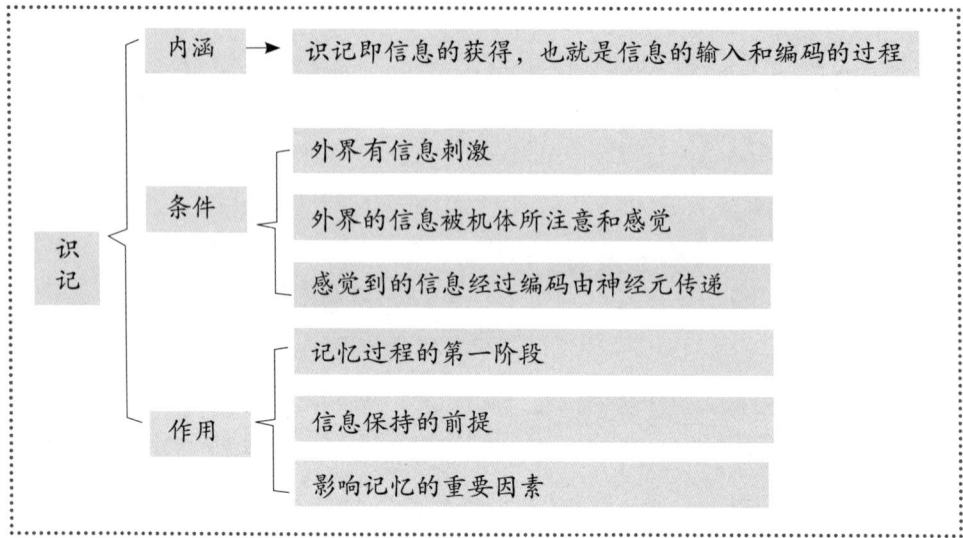

（四）识记的分类

教师引导学生理解和掌握识记的不同类型，包括有意识记、无意识记、意义识记和机械识记的特点和不同作用，让学生进行正确区分，启发学生思考在汉语作为第二语言教学中如何应用这四种识记。

板书或PPT：

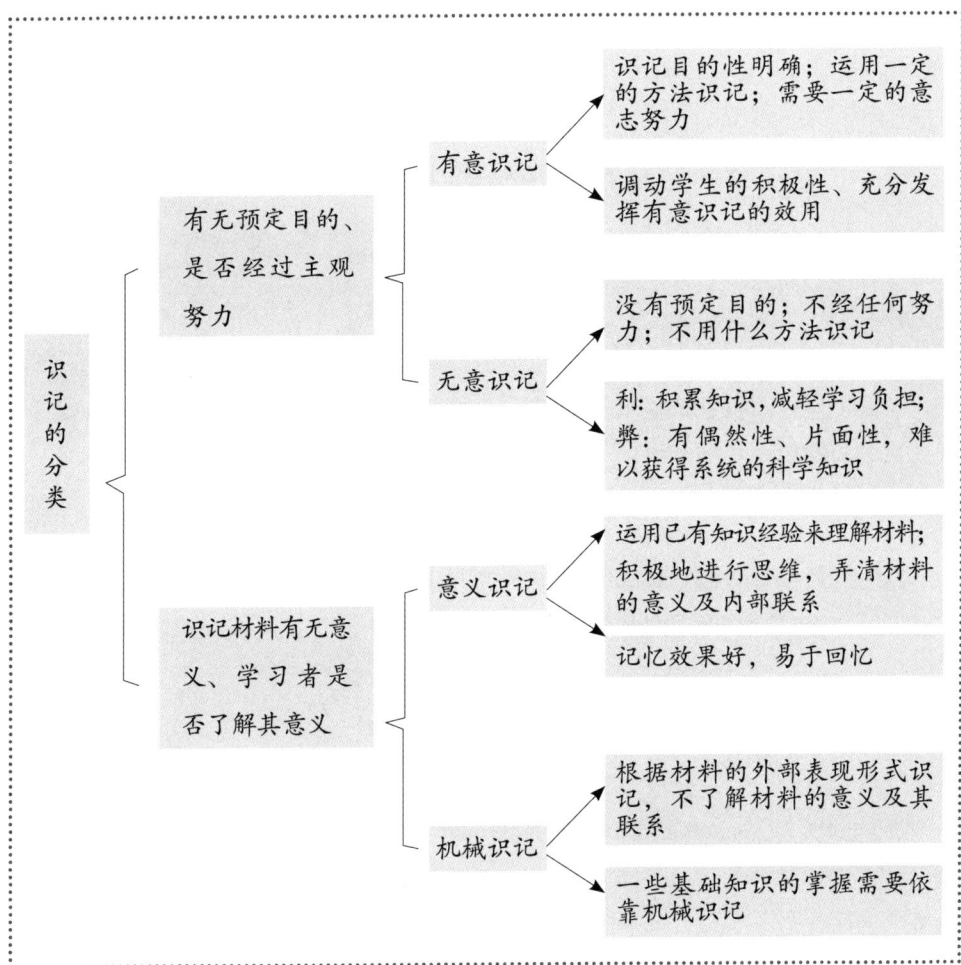

（五）讨论

教师让学生结合自身的学习经历回忆自己的学习行为，同时分析一下哪些属于四种识记类型。请学生分享自己高效的识记方法。

附　录

第一节　记忆特征和汉语作为第二语言的识记

人因为有语言作为依托，丰富的世界知识，不管是具体的还是抽象的，都得以在大脑中识别和记忆，其记忆的深度和广度是一般动物所无法企及的。语言（包括第二语言）的学习更是以记忆为前提的。研究和揭示记忆的心理特征和类别，对识记包括语言在内的知识具有重要的意义。

一、记忆的基本特征

过去的经验在人脑中得以反映就成为知识，知识在大脑中要经过储存、保持和提取这三个基本环节，知识在大脑中的记忆表象具有直观性和概括性，这三个方面构成了记忆的基本特征。

（一）记忆是过去的经验在人脑中的反映

大脑对人经历过的东西会留有印象，比如某个事件的始末、某首乐曲的旋律、某座建筑的外观、某个人的脸庞、某种外语的单词……只要以前接触过、观察过、聆听过、学习过，它们总会在大脑中不同程度地得以反映，这就是记忆。凡是没经历过的事物或知识，则不会在大脑中反映。因此，记忆必须有感觉和知觉做基础，同时大脑也要对感知的东西进行必要的加工和储存，这样才能在大脑中留下深刻的印象。这是个复杂的心理过程。

人不能没有记忆，否则就不能正常地生活。人之所以能够形成概念，进行判断和推理等思维活动，所依靠的就是知识的记忆和经验的积累。也正因为有了记忆，人才能超越知觉活动的直接感受去接收广博丰富的间接知识，从而认识世界和改造世界。

根据信息加工理论，记忆是对输入信息的编码、储存和提取的过程。也可以说，记忆是人们对先前经验的有意识的外显反映。有所"记"，才能有所"忆"；"记"不住，也就"忆"不出；"记"得模糊，"忆"就困难。汉语作为第二语言的记忆，就是要通过学习的方式，记住汉语的文字（包括音节）、词汇、语法规则，以及渗透其间的中国文化，并在应用过程中能够把需要的字、词、句回忆和提取出来，用以表述自己的思想和观点。比如，学习了"问路"的课文，记住了与问路有关的词语和句子，才能在需要时回忆并说出"劳驾，往南京路怎么走？""请问，到万达广场乘什么车？"这样的问句。再如，学习了"购物"的课文，记住了与选购和议价有关的词语和句子，才能在使用时回忆并说出"老板，这……怎么卖？""这……多少钱一斤？""太贵了，能不能便宜一点？"这样的问句。

（二）记忆的三个基本环节

记忆的加工可分为三个阶段（或说三个基本环节）：信息的识记、信息的保持和信息的提取。用信息加工理论来说，记忆就是对输入信息的编码、储存和提取的过程。

信息的识记是识别和记忆事物，从而积累知识经验的过程。人们认识世界上的万事万物，先决条件就是对需要认识的事物进行识记。比如学习外语，要读出单词的音，就得先识记音标和字母拼写规则；要运用词语，就得先识记一个个单词；要说出句子，就得先识记语法规则；等等。但是识记了的事物如果被遗忘，那就等于没有学习，所以我们必须把它们储存在大脑记忆库中。这就是信息的保持。可见，保持是巩固已获得的知识和经验的过程。人的大脑记忆库中有感觉记忆、短时记忆、长时记忆等，它们保持信息的时间长短不一。感觉记忆最短，短时记忆次之，长时记忆最长（有的可以永久保持）。保持的目标是要通过感觉记忆和短时记忆将信息输入长时记忆，永久地储存起来。比如学习汉字，不仅要识别字形，读出字音，知道字义，还要知道笔顺，反复书写，这样就有可能把从感觉记忆进入短时记忆的汉字输入长时记忆。记忆的目的，不只是保持信息，还需要在应用信息时能够拿出来用，这就是信息的提取。所谓提取是在不同情况下恢复过去经验的过程。这又分两种情况：一种是经历过的事物不在面前时，我们能把它重新回想起来，这叫"再现"；另一种是经历过的事物再度出现时，我们能把它重新认出来，这叫"再认"。比如，学习了"宽敞"这个词语，当需要说"客厅宽敞"时，我们能从大脑记忆库所积累的"宽大、宽阔、宽余、宽敞"中把"宽敞"提取出来，这就是再现；当阅读"坐在宽敞的教室里学习别提多高兴了"这个句子时，我们能认出、读出并理解"宽敞"这个词语，这就是再认。

记忆过程的三个环节之间是相互联系、相互制约的。没有识记，就谈不上保持，当然更谈不上提取。因此，识记和保持是提取的前提，提取是识记和保持的结果，并能进一步巩固与加强识记和保持。汉语作为第二语言学习的实践也证实，经常使用的词语（出现频率高的词语，如"学习、工作、旅游、吃饭、乘车"等）和句式（如"主谓宾句、动词谓语句、形容词谓语句、连动句、比较句"等），我们记忆得也比较牢固。

（三）记忆表象的直观性和概括性

感知过的事物尽管不在眼前，但人仍能在大脑中再现它的形象，这就叫"记忆表象"。记忆表象有直观性和概括性两个特点。

1. 记忆表象的直观性

事物信息为感觉所登记，且上升为知觉进行粗略的编码，这就是图像记忆和声像记忆，它是按感觉信息原有的形式来储存的。在大脑中的表象正是感知留下的形象，所以具有直观性。这种直观性是客观事物并不在眼前时大脑通过记忆回忆起来的。这种回忆不可能像实际感知事物时所得到的形象那样鲜明、完整和稳定，而是事物的大体轮廓和一些主要特征在大脑中的反映。比如，上海的南浦大桥和杨浦大桥，凡是路过或参观过的人，头脑中都会留下两座桥的形象，但展现于脑海的可能只是这两座桥的宏伟的桥身和气势，以及一为螺旋式、一为提拉式的特点，不可能像摄影那么细致准确。

2. 记忆表象的概括性

表象所反映的是同一（或同类）事物在不同条件下经常表现出来的一般特点。比如，人们曾多次经过南浦和杨浦这两座大桥，每次由于条件不同（或者是晴天，或者是雨天，或者是大雾天，或者是夜晚），会形成不完全相同的具体知觉形象。但人们一旦说起南浦或杨浦大桥时回忆出来的不是某一次的具体知觉形象，而是多次感知基础上产生的概括形象：螺旋式桥或提拉式桥。表象的概括性还表现在对同类事物的概括上。比如，我们大脑中所储存的楼房、树木、公交车、饭店等形象都是从同类事物中概括得来的。同样是概括，表象概括和思维中的概念概括是不一样的。表象所概括的有事物的本质属性与非本质属性，而概念只概括事物的本质属性。比如，"金牌"的概念是奖给比赛中的冠军的用黄金做的牌子,而表象除了包含这个概念之外,还含有黄灿灿的、圆形的、有丝带可以挂在颈项等属性。

表象的直观性和概括性是密切联系在一起的。它的直观性有点儿像知觉,它的概括性又有点儿像思维。它是介于知觉与思维之间的中间环节,是记忆的主要内容。在记忆过程中,回忆过去的事物并且再认出曾经接触过的事物,主要也是靠表象来实现的。

二、记忆的分类

记忆可按记忆内容分类,也可按记忆活动特点分类。

(一)按记忆内容分类

根据记忆内容,我们可以把记忆分为如下四种:

1. 形象记忆

以感知过的事物形象为内容的记忆叫作"形象记忆"。[①]比如,外国学生去杭州旅游,回来后对西湖景象的记忆、对六和塔的记忆、对岳坟的记忆等等,这些记忆都是形象记忆。

2. 逻辑记忆

以概念、公式和规律等逻辑思维过程为内容的记忆叫作"逻辑记忆"。[②]在汉语作为第二语言的学习中,外国学生对有些词语的定义,如"隆重"的解释是"盛大庄重","蔓延"的解释是"像蔓草一样不断向周围扩展",以及如"进行、忍受"等动词后面的宾语可以由非名词性词语充当等语法规则,这些记忆就是逻辑记忆。

3. 情绪记忆

以体验过的某种情绪或情感为内容的记忆叫作"情绪记忆"。[③]比如,外国

---

① 叶奕乾,祝蓓里. 心理学[M]. 上海:华东师范大学出版社,1996:121.
② 同上。
③ 同上。

学生登顶长城时的兴奋劲儿、篮球比赛输掉时的失落劲儿，这些记忆就是情绪记忆。

4. 运动记忆

以做过的运动或动作为内容的记忆叫作"运动记忆"。[①]比如外国学生学习中国太极拳或武术时对一个个连续动作的记忆，这些记忆就是运动记忆。

（二）按记忆活动特点分类

根据记忆活动特点，我们可以将记忆分为感觉记忆、短时记忆和长时记忆三个储存系统，而且每个储存系统都以前一个储存系统的加工为自己储存的条件。

1. 感觉记忆

感觉记忆是原始的感觉形式，具有相当大的容量，能够把外界的信息一下子完整地摄取进来，但保持的时间极短，约0.25—2秒，所以又称为"瞬时记忆"。感觉记忆的特点是外界的信息按照感觉输入的原样在感觉中被记下来，具有鲜明的形象性。比如，主持人在电视节目中的一个个镜头和一句句话语，分别为人的视觉和听觉所接收，此时留存于感觉中的映像和声像跟刺激基本一致，可以说是外界刺激的复制品。因此心理学认为感觉记忆也会进行粗略的编码和组织。这种编码和组织，可能是一种图像记忆或声像记忆，它们按感觉信息原有的形式来储存。感觉记忆虽然储存时间极短，但它为进一步加工提供了材料和时间，是人们接收和处理外界信息必不可少的一步。感觉中的信息，如果受到注意就能进入短时记忆，没有得到注意就会很快丢失。

2. 短时记忆

短时记忆是指信息保持在1分钟以内的记忆。这是信息从感觉记忆通往长时记忆的一个中间环节或过渡阶段。比如，听课时做笔记，常常记完上句，来不及记下句，或者暂时跳越一下先记下句再补上句，但上句却再也回忆不起来了。再如，查询电话号码或车牌号，如不记录下来，使用过后很快就记不清了。这些都说明存于短时记忆的信息超过1分钟就会丢失或遗忘。

[①] 叶奕乾，祝蓓里. 心理学 [M]. 上海：华东师范大学出版社，1996：121.

短时记忆的特点是信息容量的有限性和相对固定性。心理学实验发现，人的短时记忆容量为7±2个单位，即在5到9个单位之间波动。a这里所说的单位，内涵不定，可以小到字母，大到词组。为了增加和扩充短时记忆的容量，人们常常利用组块来记忆。所谓组块，是指将若干小单位联合成大单位的信息加工，也指这样组成的单位。汉语作为第二语言教学提倡记住词组，从某种意义上说，也是在利用组块扩充和增加短时记忆的容量。比如"这种事一定要强调自觉自愿，万万强迫不得"这个句子，如果根据音节和词语来记忆，充其量只能记住"这/种/事/一定/要/强调/自觉/自愿"这句话；如果根据组块来记忆，就能记住"这种/事/一定要/强调/自觉自愿/万万/强迫/不得"这样比较完整的语句。

短时记忆又称"工作记忆"，它一边接收来自感觉记忆中的信息，一边从长时记忆中提取信息，进行有意识的加工。工作记忆由语音环、视觉空间模板和中央执行系统组成。中央执行系统负责协调和支配两个子系统（即语音环和视觉空间模板）与长时记忆的联系。因此，心理学所说的短时记忆编码实际上就是工作记忆的编码。短时记忆的编码方式有听觉性编码、视觉性编码和语义性编码等，其中以听觉性编码为主。在汉语作为第二语言教学中，外国学生由听觉接收一个句子，如"哥哥比弟弟谦虚得多"，这一串语音流"gēge bǐ dìdi qiānxū de duō"在短时记忆（即工作记忆）中由听觉登记并编成语音代码传递给长时记忆做深入加工。即使外国学生没有听到这一串语音流，只看到用汉字书写的句子，那视觉性信息进入短时记忆时也会发生形—音转换，其编码仍带有听觉性质或声音性质。我们常见到外国学生在阅读汉语的书面性语料时有嘴唇开合或喉头蠕动的现象，这就是在进行形—音的转换。当然，由于汉字不完全表音的特点，短时记忆（即工作记忆）对汉字的编码总体上来说是以视觉性编码（即表示线条结合与线条间距离的空间码）为主的。短时记忆中也存在着抽象的、不经过感觉通道的语义编码，这是受长时记忆库中语义信息的影响而形成的。比如，"弟弟比哥哥顽皮"中"弟弟""哥哥"在长时记忆中存在，因而容易进行语义编码；而"顽皮"以前没接触过，在长时记忆中没有储存，因而也就无法进行语义编码。那么，这个句子的意义只能依靠其他因素（如上下文或语境）来猜测了。

短时记忆中的信息超过保持的时间会丢失或遗忘，而及时的复述可使信息保持较长时间，同时也可使信息从短时记忆进入长时记忆。

---

① 王甦，汪安圣.认知心理学[M].北京：北京大学出版社，1992：138.

3. 长时记忆

长时记忆是指保持时间在1分钟以上甚至保持终身的记忆。它是个体经验积累和心理发展的前提。长时记忆是对短时记忆重复加工的结果，但也有些长时记忆是由于短时记忆印象深刻而一次加工形成的。比如，来上海学习汉语的外国人，在游览中第一次接触"黄浦江"和"外滩"，印象特别深刻，因而很自然地记住了它们的读音。长时记忆的容量是无限的，它储存着关于世界的一切知识，为我们的一切活动提供必要的知识基础。

长时记忆主要以语义编码为主。所谓语义编码是将短时记忆中以声音与图像形式储存的信息转化为概念的或有意义的形式。比如要记住"螳螂、狗、燕子、蝉、猫、鸽子、蝴蝶、猪、黄雀"等词语，如果把它们分为昆虫类（螳螂、蝉、蝴蝶）、家畜类（狗、猫、猪）、鸟类（黄雀、燕子、鸽子），就容易记住和回忆；如果把它们组合成"螳螂捕蝉，黄雀在后""猪狗打架，猫逐蝴蝶""燕子南飞，鸽子捎信"等有意义的话语，也容易记忆和提取。

长时记忆中的语义编码有多种结构，如层次网络模式、激活扩散模式、特征比较模式等等（详见第三章第二节）。

长时记忆除了语义编码外，还有表象编码。语义编码是以言语代码来储存言语信息，具有听觉—运动性质。语义代码又称命题代码，它是一种抽象的意义表征，具有命题的形式。比如，"扩展是向外伸展和扩大""誓言是宣誓时说的话"，这正是用命题来表述词语"扩展"和"誓言"的抽象意义。表象编码是以表象代码来储存关于具体客体和事件的信息的，它构成了非言语思维的表征方式。"表象代码是记忆中事物的形象，有着与实际知觉相似的性质，并且与客体相类似。"①

三、识记

识记即信息的获得，也就是信息的输入和编码过程。它需要具备以下几个条件：一是外界有信息的刺激，二是外界的信息被机体所注意和感觉，三是感觉到的信息经过编码由神经元传递。如果外界不存在什么新信息，那么自然也就谈不上识记或获得什么信息。我们虽然在生活中会看到、听到各种信息，但是因为这一切都是熟悉的旧信息，是司空见惯的，我们往往不会去特别地注意。而一

---

① 杨治良等.记忆心理学（第2版）[M].上海：华东师范大学出版社，1999：65.

旦有了新的刺激信息，比如布告栏里贴出新海报，教室里传出的悠扬琴声，我们就会去注意观看或聆听，此时新信息就有可能为机体的感觉器官所接收。也就是说，外界的信息已经被视觉神经或听觉神经所接收（或叫"感觉登记"）。感觉的东西其编码形式是比较形象、原始的，信息在这里以图像记忆或声像记忆的形式保存，如海报上的字样、琴声的音质和音阶，在这里还没有完全被认识。它们储存的时间极为短暂，但为进一步的信息加工提供了更多的时间和可能，对知觉活动和其他高级认知活动都有重要意义。

感觉的东西经过识别和分类就成为知觉，只有被感知了的信息才有资格进入短时记忆。海报上的诸多文字、琴声的优美旋律，这些信息经感觉登记后逐一上升为知觉，并输入短时记忆。短时记忆把这些信息进行编码，即把一长串的文字和一长串的旋律转换为符号或代码，经神经元传递给大脑的有关皮质，并在工作记忆中进行解码和整合。这时，外界海报上的文字或琴音的旋律，才得以理解和储存。这就是新信息的识记或获得的过程。

识记是记忆过程的第一阶段，是信息保持的前提。学习者有良好的识记，才有较佳的记忆效果。因此可以这么说，识记是影响记忆的重要因素。

四、识记的分类

识记按学习者有无预定目的和是否经过主观努力，可以分为有意识记和无意识记。根据识记材料有无意义或学习者是否了解其意义，识记还可以分为意义识记和机械识记。

（一）有意识记和无意识记

1. 有意识记的特点

有意识记是非常重要的一种识记。它需要具备三个条件：一是识记的目的性比较明确；二是运用一定的方法进行识记；三是需要一定的意志努力。人们在日常生活（如尝试做菜）、工作（如了解业务）和学习（如学习外语）中，经常使用的是有意识记。有意识记是一种比较复杂的智力活动，其首要条件是具有明确的目的和任务。在汉语作为第二语言教学中，我们常发现来华的海外商务人员以及要求职就业的外国学生的汉语成绩更好，学习效果更显著；而那些遵从家长的意思到中国学习汉语的中学生的学习成绩和效果一般都不太理想。其原因就在于学习的目的性是否明确以及明确的程度如何。目的性越明确，他们学习汉语的效果就越好，因为他们能集中注意力，有毅力地专心学习，能选择有效的方法识记语言材料；目的性不明确的学生，学习的主动性较差，注意力不易集中，也很少动脑筋选用有效的方法去识记语言材料，即使多次感知的事物也难以记住。

在有意识记中，记忆保持的时间与识记任务有关。识记任务要求长期保持的，记忆保持的时间就比较长；识记任务不要求长期保持的，记忆保持的时间就较短。比如汉语词语的识记，有些词语是要求掌握的（如"良好、优秀、优异"等高频词），外国学生在记忆中可以长时间地储存和保持；有些词语只要求领会（如"卓越、决绝、超然"等低频词），外国学生在记忆中常常只是短时间地储存和保持一下。

在课堂上，教师如能明确地向学生说明一堂课的识记目的和任务，就更容易调动学生的积极性，充分发挥有意识记的效用。

2. 无意识记的特点

无意识记指没有预定目的、不经任何努力，也不用什么方法的识记，具有很大的选择性和偶然性。所谓选择性，是指世界上的万事万物都有可能成为无意识记的对象，只要它们是具有重大意义的事物（如高考升学）、能引起兴趣和注意的事物（如旅游和参观）、能引起情绪波动的事物（如竞赛和获奖），就很容易被人们在无意中所识记。所谓偶然性，是指生活中遭遇的偶然事件或突发事件（如因水管爆裂而新楼房进水），或者是某人讲过的一句话（如"千里之行，始于足下"）、报刊上的某个醒目的标题（如《带着爷爷上学的女大学生》）等，可能令人难忘。在人们所积累的众多知识中，有相当一部分是通过无意识记获得的，而人的生活经验更是无意识记的结果。因此，如果我们在汉语作为第二语言的教学中为外国学生创设良好的学习环境，如开展一些访问或实际体验活动，经常举办演讲会、讨论会，鼓励他们跟中国学生交朋友，等等，就能帮助他们无意识记许多形象生动的话语和丰富的文化知识，拓展和深化课堂教学的内容。

无意识记既能积累知识，又可减轻学习负担，是人们获得知识信息所不可或缺的途径。但由于缺少目的性，识记的内容又带有偶然性和片段性，因而仅靠无意识记难以获得系统的科学知识。

（二）意义识记和机械识记

1. 意义识记的特点

意义识记是通过对材料的理解而进行的识记。其需具备的条件，一是运用已有的知识和经验来理解材料；二是积极地进行思维，弄清材料的意义及内部联系。比如，外国学生要记住"上海已步入老龄化社会"这句话，首先必须理解其含义。根据以往积累的有关词缀"化"的知识（如名词、形容词后带上"化"，就有"向……变化"的含义），以及"现代化、绿化、知识化、年轻化"等词语中"化"字所带有的"普遍性变化"的含义，外国学生能推论出"老龄化"是"整个社会老年人口比例增大"的意思。理解了这个关键性词语，也就弄清了整个句子的内在联系，那么外国学生也就更容易记住这个句子了。

意义识记的新材料能够为学习者的知识结构所接纳和同化，因此记忆的效果比较好，且易于回忆。美国心理学家布鲁纳（J. S. Bruner）指出，在信息的任何组织中，如果信息嵌进了一个人业已组成的认知结构之中，而减少了材料的极度复杂性，那就会使这类材料易于恢复。[①]

2. 机械识记的特点

机械识记是依靠机械重复进行的识记，其特点是主要根据材料的外部表现形式去识记，而不了解材料的意义及内部关系。有些材料本身就是无意义的或缺乏意义的，只能用重复的方式进行机械识记。在学习外语的过程中，许多材料往往是要进行机械识记的。比如，中国人学习英语生词采取反复拼读的方式（如B-O-O-K，book，书；S-T-A-R，star，星）记住它们。外国人认读汉字，也得反复地认、反复地写才能识记。尽管有些汉字的字形结构，有象形（如"鸟""山"等像实物）和意合（如"人靠在树木下"是"休"、"手在目上望远"为"看"）的特点，可能有助于认读和识记，但基本上还是以机械识记为主。汉语中的一些成语（如"画蛇添足、自相矛盾"等）、惯用语（如"大手大脚、戴高帽"等），尽管具有一定的意义，但并不是按已经掌握的词法或语法规则构成的，因而也得依靠机械识记。有时，材料本身是有意义的，但学习者受语言水平的限制一时难以理解，这时不妨先让学生进行机械识记，以后再逐步理解。比如中国儿

---

① 叶奕乾，祝蓓里. 心理学[M]. 上海：华东师范大学出版社，1996：131.

童背诵唐诗，幼时不求甚解，大了才慢慢领悟。

　　意义识记和机械识记是相互联系，有时也可以相互转换的。意义识记要以机械识记为基础，如对句子的意义识记就可基于机械识记积累起来的词语，机械识记也可赋予材料一定的意义来进行，如把词语"决定"和"绝对"组成"你的决定太绝对了"这样的句子来识记，因为增加了两个词语之间的意义联系，就容易记住。强生出租汽车公司电话号码为62580000，学生根据上海方言谐音"老让我拨四个零"来记忆就不会忘记了。